Stephen Janetzko

Turndrache Lotti -
Das Liederbuch
Bewegungslieder für Kinder
Das Liederbuch mit allen Texten, Noten und Gitarrengriffen zum Mitsingen und Mitspielen

Mit Liedtexten von Constanze Grüger

Neue Kinderlieder von Stephen Janetzko

Copyright © 2016 Verlag Stephen Janetzko, Erlangen
www.kinderliederhits.de
Alle Lieder verlegt bei Edition SEEBÄR- Musik Stephen Janetzko, Erlangen
*Online-Shop im Internet unter **www.kinderlieder-shop.de***
Lotti-Illustration: Frank Krippner - Covergrafik: Stephen Janetzko
Notensatz, grafische Vorbereitung und Idee: Stephen Janetzko
All rights reserved.

ISBN-10: 3957222419

ISBN-13: 978-3-95722-241-1

Inhaltsverzeichnis

Lied:	**Seitenzahl:**
Unser Lotti, der ist fit (Begrüßungslied)	4
Alle Kinder sind jetzt fit! (Begrüßungslied)	5
Jetzt geht's los!	6
Meine Oma	7
Hampelmann-Song	8
Vogelscheuchen-Schrotti	9
Wir gehen heute durch den Zoo	10
Kroko-Tanz	11
Die alte Ziege Gertrud	12
Disco-Peppo	13
Die Affen sind total verrückt	14
Unser Lotti geht nach Haus (Abschiedslied)	15
Alle Kinder gehn nach Haus (Abschiedslied)	16

Unser Lotti, der ist fit! (Lotti-Begrüßungslied)

Text: Constanze Grüger/Yvonne Hubert, Musik: Stephen Janetzko; CD "Turndrache Lotti"
Tempo: ca. 192   © Edition SEEBÄR-Musik Stephen Janetzko, www.kinderliederhits.de

Refrain: Un-ser Lot-ti, der ist fit! Bist du's auch? Dann mach gleich mit!

1. Auf und nie-der, im-mer wie-der, auf und ab - und klapp!

(stecken und in die Hocke gehen - auf klapp *klatschen*)

Refrain: Unser Lotti, der ist fit...

2. (nach vorne und nach hinten hüpfen)
Vor - zurück und noch ein Stück,
ja, so soll's gehn - und stehn!

Refrain: Unser Lotti, der ist fit...

3. (Seitstep)
Hin und her, das ist nicht schwer,
ja, rechts und links - das bringt's!

Refrain: Unser Lotti, der ist fit...

4. (Bankstellung rücklings und Po heben und senken)
Rauf und runter, das macht munter,
mann-o-mann: Jetzt fängt´s an!

Refrain: Unser Lotti, der ist fit...

(Kinder bleiben nach der 4. Strophe auf dem Boden
sitzen zur nächsten Übung)

Hinweis:
Dieses Lied zum Turnen gehört zum Konzept
„Turndrache Lotti" von Constanze Grüger und Yvonne
Hubert und ist für das Kleinkindturnen gedacht.
Zum Abschied gibt es dann mit "Unser Lotti geht nach
Haus (Lotti-Abschiedslied)" eine Alternativvariante.

Alle Kinder sind jetzt fit! (Begrüßungslied)

Text: Constanze Grüger/Yvonne Hubert/Stephen Janetzko, Musik: Stephen Janetzko; CD"Fußball-Lieder für Kinder" © Edition SEEBÄR-Musik Stephen Janetzko, www.kinderliederhits.de

(strecken und in die Hocke gehen, bei "klapp" klatschen)

Refrain:
Alle Kinder sind jetzt fit!
Bist du's auch? Dann mach gleich mit!
Alle Kinder sind jetzt fit!
Bist du's auch? Dann mach gleich mit!

2. (nach vorne und nach hinten hüpfen)
Vor - zurück und noch ein Stück,
ja, so soll´s gehn - und stehn!
Refrain.

3. (Seitstep)
Hin und her, das ist nicht schwer,
ja, rechts und links - das bringt´s!
Refrain.

4. (Bankstellung rücklings und Po heben und senken)
Rauf und runter, das macht munter,
mann-o-mann: Jetzt fängt´s an!
Refrain.

(Kinder bleiben nach der 4. Strophe auf dem Boden
sitzen zur nächsten Übung)

Hinweis:
Dieses Lied ist für das Kleinkindturnen oder auch
zur aktiven Mitmach-Bewegungs-Begrüßung gedacht.
Zum Abschied gibt es dann mit " Alle Kinder gehn
nach Haus (Abschiedslied)" eine Alternativvariante.

Jetzt geht's los!

Text: Constanze Grüger, Musik: Stephen Janetzko; CD "Turndrache Lotti"
© Edition SEEBÄR-Musik Stephen Janetzko, www.kinderliederhits.de
Tempo: ca. 176

Refrain: Jetzt geht uns-re Stun-de los, Rie-sen-spaß für Klein und Groß. Und los! (*Klatsch*) 1. Wir lau-fen - lau-fen, lau-fen, lau-fen. Wir lau-fen - lau-fen, lau-fen, lau-fen. Und erst mal ver-schnau-fen!

Refrain: Jetzt geht...

2. Wir krabbeln - krabbeln, krabbeln, krabbeln.
Wir krabbeln - krabbeln, krabbeln, krabbeln.
Wir laufen - laufen, laufen, laufen. (2x)
Und erst mal verschnaufen!

Refrain: Jetzt geht...

3. Wir klettern - klettern, klettern, klettern.
Wir klettern - klettern, klettern, klettern.
Wir krabbeln - krabbeln, krabbeln, krabbeln. (2x)
Wir laufen - laufen, laufen, laufen. (2x)
Und erst mal verschnaufen!

Refrain: Jetzt geht...

4. Wir hüpfen - hüpfen, hüpfen, hüpfen.
Wir hüpfen - hüpfen, hüpfen, hüpfen.
Wir klettern - klettern, klettern, klettern. (2x)
Wir krabbeln - krabbeln, krabbeln, krabbeln. (2x)
Wir laufen - laufen, laufen, laufen. (2x)
Und erst mal verschnaufen!

Refrain: Jetzt geht...

5. Wir schleichen - schleichen, schleichen, schleichen.
Wir schleichen - schleichen, schleichen, schleichen.
Wir hüpfen - hüpfen, hüpfen, hüpfen. (2x)
Wir klettern - klettern, klettern, klettern. (2x)
Wir krabbeln - krabbeln, krabbeln, krabbeln. (2x)
Wir laufen - laufen, laufen, laufen. (2x)
Und erst mal verschnaufen!

Refrain: Jetzt geht...

Meine Oma

Text: Constanze Grüger, Musik: Stephen Janetzko; CD "Turndrache Lotti"
© Edition SEEBÄR-Musik Stephen Janetzko, www.kinderliederhits.de

Refrain: Meine Oma - ist nicht nur schlau!
Meine Oma - ist ´ne tolle Frau!
Meine Oma - ist stark wie ein Bär!
Und sie meint, das wär nicht schwer. Sie sagt:

2. Du musst ganz kräftig strampeln auf dem Rad,
du musst auch lange sitzen im Spagat.

Refrain: Meine Oma - ist nicht nur schlau!
Meine Oma - ist ´ne tolle Frau!
Meine Oma - ist stark wie ein Bär!
Und sie meint, das wär nicht schwer. Sie sagt:

3. Du musst durch den Atlantik schwimmen,
du musst selbst den höchsten Berg erklimmen.

Refrain: Meine Oma - ist nicht nur schlau!
Meine Oma - ist ´ne tolle Frau!
Meine Oma - ist stark wie ein Bär!
Und sie meint, das wär nicht schwer. Sie sagt:

4. Du musst noch schneller laufen als der Wind,
nun bist du superfit, mein liebes Kind!

Hampelmann-Song

Text: Constanze Grüger, Musik: Stephen Janetzko; CD "Turndrache Lotti"
© Edition SEEBÄR-Musik Stephen Janetzko, www.kinderliederhits.de
Tempo: ca. 168

Refrain: Ich bin heut ein Hampelmann. Springen kann ich, seht nur an.
Häng ich auch am Faden dran, schaut her, was ich sonst noch kann:

1. Ich bewege nur das rechte Bein, ich bewege nur das linke Bein. Einmal drehn - und stehn!

2. Ich bewege nur den rechten Arm,
ich bewege nur den linken Arm,
ich bewege nur das rechte Bein,
ich bewege nur das linke Bein.
Einmal drehn - und stehn!

3. Ich bewege nur die rechte Schulter,
ich bewege nur die linke Schulter,
ich bewege nur den rechten Arm,
ich bewege nur den linken Arm,
ich bewege nur das rechte Bein,
ich bewege nur das linke Bein.
Einmal drehn- und stehn!

4. Ich bewege nur das rechte Knie,
ich bewege nur das linke Knie,
ich bewege nur die rechte Schulter,
ich bewege nur die linke Schulter,
ich bewege nur den rechten Arm,
ich bewege nur den linken Arm,
ich bewege nur das rechte Bein,
ich bewege nur das linke Bein.
Einmal drehn - und stehn!

5. Ich bewege nur den rechten Fuß,
ich bewege nur den linken Fuß,
ich bewege nur das rechte Knie,
ich bewege nur das linke Knie,
ich bewege nur die rechte Schulter,
ich bewege nur die linke Schulter,
ich bewege nur den rechten Arm,
ich bewege nur den linken Arm,
ich bewege nur das rechte Bein,
ich bewege nur das linke Bein.
Einmal drehn - und stehn!

Schluss nach dem letzten Refrain:
>>Und jetzt alles im Schnelldurchlauf:<<

Rechter Fuß, linker Fuß. Rechtes Knie, linkes Knie. Rechte Schulter linke Schulter.
Rechter Arm, linker Arm. Rechtes Bein, linkes Bein. Einmal drehn und stehn!

Vogelscheuchen-Schrotti

Text: Constanze Grüger, Musik: Stephen Janetzko; CD "Kindertanz - beweg dich ganz!"
© Edition SEEBÄR-Musik Stephen Janetzko, www.kinderliederhits.de

Refrain: Ich bin Vogelscheuchen-Schrotti...

2. Ich stampf gern auf den Boden, bumm-bumm-bumm.
Ich stampf gern auf den Boden und dreh mich noch mal um.
Refrain: Ich bin Vogelscheuchen-Schrotti...

3. Ich box gern in die Höhe, poch-poch-poch.
Ich box gern in die Höhe, huch, da ist ein Loch!
Refrain: Ich bin Vogelscheuchen-Schrotti...

4. Ich wackel mit dem Popo, bing-bing-bing.
Ich wackel mit dem Popo, ja, das krieg ich hin.
Refrain: Ich bin Vogelscheuchen-Schrotti...

5. Ich spring gern wie ein Pferdchen, hopp-hopp-hopp.
Ich spring gern wie ein Pferdchen, schnell wie im Galopp.
Refrain: Ich bin Vogelscheuchen-Schrotti...

Abschlussrefrain:
Ich bin Vogelscheuchen-Schrotti,
steh tagsüber auf dem Feld.
Doch nachts muss ich auch schlafen,
träum von der weiten Welt.

Wir gehen heute durch den Zoo

Text: Constanze Grüger, Musik: Stephen Janetzko; CD "Turndrache Lotti"
© Edition SEEBÄR-Musik Stephen Janetzko, www.kinderliederhits.de

Refrain: Wir gehen heute durch den Zoo und sind dabei vergnügt und froh!
Heute durch den Zoo, wir sind dabei vergnügt und froh! Bei diesen Tieren
gibt es viel zu sehn, deswegen rat ich: Bleibt mal besser stehn!

1. Schaut nur her, schaut nur her, so stampft der Elefant daher. Schaut nur her,
schaut nur her, so stampft der Elefant daher. Den Rüssel schwingt er
auf und ab, das Wasser saugt er nicht zu knapp. Spritzt damit die
andren nass - das ist für ihn ein Riesenspaß!

2. Schaut nur her, schaut nur her,
so schwingt der Affe sich daher. (2x)
Die Arme schwingt er auf und ab,
und klettern kann er nicht zu knapp.
Futtert die Bananen auf
und wirft danach die Schale raus!

3. Schaut nur her, schaut nur her,
der Vogel Strauß stolziert daher. (2x)
Den Kopf, den nimmt er auf und ab,
taucht damit im Sand hinab.
Zeigt nur noch sein Hinterteil,
das ist ja wohl total gemein!

Kroko-Tanz

Text: Constanze Grüger, Musik: Stephen Janetzko; CD "Sommer"
© Edition SEEBÄR-Musik Stephen Janetzko, www.kinderliederhits.de

Refrain: Macht doch mit beim Kro-ko-Tanz, wackelt mal den Kro-ko-Schwanz,
klappt das Maul weit auf und zu, schaut nur her und hört gut zu:

1. Kro-ko kitzelt sich selbst am Fuß,
das ist für ihn ein Hochgenuss.

Refrain: Macht doch mit beim Kroko-Tanz...

2. ||: Kroko schwingt seine Hüften dann,
das sieht ja cool aus, mann-o-mann. :||

Refrain: Macht doch mit beim Kroko-Tanz...

3. ||: Kroko klatscht hinter seinem Rücken,
er muss sich dabei nicht mal bücken. :||

Refrain: Macht doch mit beim Kroko-Tanz...

4. ||: Kroko streckt sich ganz hoch hinaus,
die Knie schüttelt er danach aus. :||

Refrain: Macht doch mit beim Kroko-Tanz...

5. ||: Kroko kann sich zuletzt im Kreise drehn
und jetzt auch noch auf allen Vieren stehn. :||

Refrain: Macht doch mit beim Kroko-Tanz...

Die alte Ziege Gertrud

Text: Constanze Grüger, Musik: Stephen Janetzko; CD "Turndrache Lotti"
© Edition SEEBÄR-Musik Stephen Janetzko, www.kinderliederhits.de

Refrain: Die alte Ziege Gertrud, die ist total verrückt. Die alte Ziege Gertrud, schaut nur, was sie jetzt tut: 1. Sie steht auf einem Bein und findet das ganz fein. Sie steht auf einem Bein und findet das ganz fein.

Refrain: Die alte Ziege Gertrud...

2. Sie hüpft wild in die Höhe und glaubt, sie beißen Flöhe. (4x)

Refrain: Die alte Ziege Gertrud...

3. Sie springt jetzt Hampelmann, weil sie es so gut kann. (4x)

Refrain: Die alte Ziege Gertrud...

4. Sie boxt hoch in die Luft mit riesengroßer Lust. (4x)

Refrain: Die alte Ziege Gertrud...

5. Sie zappelt wild herum und fällt am Ende um. (4x)
<< BUMM<<

Disco-Peppo

Text: Constanze Grüger, Musik: Stephen Janetzko; CD "Sommer"
© Edition SEEBÄR-Musik Stephen Janetzko, www.kinderliederhits.de

Refrain: Ja, ich bin der Disco-Peppo und wackel gerne mit dem Popo. Er geht zur Seite, hin und her, macht einfach mit, es ist nicht schwer. Geht's dann auf die Tanzfläche rauf, komm ich erst richtig aus mir raus!

1. Die Arme dreh ich vor dem Bauch, und Fingerschnipsen kann ich auch. Die Arme dreh ich vor dem Bauch, und Fingerschnipsen kann ich auch.

Refrain: Ja, ich bin der Disco-Peppo...

2. ||: Die Arme wie ein Roboter und Schulterzucken hinterher. :||
Refrain: Ja, ich bin der Disco-Peppo...

3. ||: Die Hände an die Knie ran, jetzt kommt das Hüftekreisen dran. :||
Refrain: Ja, ich bin der Disco-Peppo...

4. ||: Meine Füße lass ich toben, spring mit einem Satz nach oben. :||
Refrain: Ja, ich bin der Disco-Peppo...

>>Applaus<<

Die Affen sind total verrückt

Text: Constanze Grüger, Musik: Stephen Janetzko; Buch inkl. CD "Zauberhafte Mini-Musicals"
© Edition SEEBÄR-Musik Stephen Janetzko, www.kinderliederhits.de

Refrain: Bumm bumm-bong ...

2. Sie hüpfen dann auf einem Bein und fangen laut an zu schrei´n. (2x)
Uah!
Refrain: Bumm bumm-bong ...

3. Sie stampfen mit den Füßen auf, ja, so kommt echt Stimmung auf. (2x)
Uah!
Refrain: Bumm bumm-bong ...

4. Sie flitzen nun auf Fuß und Hand, sind völlig außer Rand und Band. (2x)
Uah!
Refrain: Bumm bumm-bong ...

5. Sie schubbern noch den Rücken ab und werden dabei langsam schlapp. (2x)
Uah!
Refrain: Bumm bumm-bong ...

Unser Lotti geht nach Haus
(Lotti-Abschiedslied)

Text: Constanze Grüger/Yvonne Hubert, Musik: Stephen Janetzko; CD "Turndrache Lotti"
© Edition SEEBÄR-Musik Stephen Janetzko, www.kinderliederhits.de

Tempo: ca. 192

Refrain: Unser Lotti geht nach Haus, denn die Stunde ist jetzt aus.
1. Nochmal schütteln, schütteln, schütteln - schütteln wir... uns schlapp!

Refrain: Unser Lotti geht nach Haus...

2. Nochmal stampfen, stampfen, stampfen
- stampfen wir ... ganz laut!

Refrain: Unser Lotti geht nach Haus...

3. Nochmal hüpfen, hüpfen, hüpfen
- hüpfen wir ... sehr hoch!

Refrain: Unser Lotti geht nach Haus...

4. Nochmal winken, winken, winken
- winken wir... uns zu!

Refrain: Unser Lotti geht nach Haus...

Hinweis: Dieses Lied zum Turnen gehört zum Konzept „Turndrache Lotti" von Constanze Grüger und Yvonne Hubert und ist für das Kleinkindturnen gedacht.
Zur Begrüßung gibt es dann mit "Unser Lotti, der ist fit! (Lotti-Begrüßungslied)" eine Alternativvariante.

Alle Kinder gehn nach Haus (Abschiedslied)

Text: Constanze Grüger/Yvonne Hubert/Stephen Janetzko, Musik: Stephen Janetzko; CD"Fußball-Lieder für Kinder" © Edition SEEBÄR-Musik Stephen Janetzko, www.kinderliederhits.de

Refrain:
Alle Kinder gehn nach Haus,
denn die Stunde ist jetzt aus.
Alle Kinder gehn nach Haus,
denn die Stunde ist jetzt aus.

2. Nochmal stampfen, stampfen, stampfen
- stampfen wir ... ganz laut!

3. Nochmal hüpfen, hüpfen, hüpfen
- hüpfen wir ... sehr hoch!

4. Nochmal winken, winken, winken
- winken wir... uns zu!

Hinweis: Dieses Lied ist für das Kleinkindturnen oder auch zum aktiven Mitmach-Bewegungs-Abschluss in Kindergruppen gedacht.
Zur Begrüßung gibt es mit "Alle Kinder sind jetzt fit! (Begrüßungslied)" eine Alternativvariante.

DIE CD ZUM BUCH:

Stephen Janetzko - CD „Turndrache Lotti - Bewegungslieder für Kinder"

Mein Turndrache Lotti - Die Bewegungslieder-CD.
Wir turnen tolle Sachen- mit dem Drachen!
Empfohlen von der dsj - Deutsche Sportjugend im Deutschen Olympischen Sportbund e.V. & kleinkinderturnen.de

Das neue Konzept zur Bewegungsförderung für alle Kindergärten, Kitas, Turnvereine und Sportvereine, die sich für die Bewegungsförderung von Kleinkindern und Vorschulkindern stark machen. Die praxisorientierten Materialien aus der Lotti-Linie sollen helfen, Kindern Bewegungsfreude zu vermitteln und sich für den munteren Turndrachen Lotti als Identifikationsfigur begeistern zu können. Sie sind neugierig auf Lottis nächste Abenteuer und wissen: Es gibt wieder viel zu erleben und zu entdecken! So schult Lotti als mutiger und starker Drache auf ganz spielerische Art Koordination, Kondition, Gleichgewicht, Kraft, Grobmotorik, Rückenschule, Haltungsförderung, Wahrnehmung, Sozialkompetenz und will Übergewicht, Haltungsschwächen und Bewegungsarmut vorbeugen.

Die CD enthält 11 Bewegungslieder inkl. des Anfangsliedes „Unser Lotti". Zusätzlich sind alle Lieder auch noch einmal als Instrumentalversion enthalten.
Alle Bewegungslieder sind exklusiv für die CD von Stephen Janetzko vertont und wurden von den Lotti-Erfinderinnen extra für das Lotti-Konzept geschrieben.

Inhalt der CD - alle Lieder:
1. Unser Lotti, der ist fit (Begrüßungslied) 1:35
2. Jetzt geht's los! 4:26
3. Meine Oma 3:28
4. Hampelmann-Song 6:05
5. Vogelscheuchen-Schrotti 3:42
6. Wir gehen heute durch den Zoo 3:11
7. Kroko-Tanz 3:52
8. Die alte Ziege Gertrud 2:38
9. Disco-Peppo 2:58
10. Die Affen sind total verrückt 3:46
11. Unser Lotti geht nach Haus (Abschiedslied) 1:46
PLUS Playbacks/Karaokeversionen.

Spieldauer: ca. 74:41 min. - Bestellnummer: 91033-272- ISBN 978-3-941923-38-6
INFO & SHOP: **www.kinderliederhits.de** - © SEEBÄR-Musik (Labelcode LC 05037)

Auch als Liederbuch mit Turnanleitungen erhältlich!
Weitere Lotti-Materialien unter www.kleinkinderturnen.de

Weitere CD-Empfehlung:

...eine Kooperation mit dem Berufsverband Deutscher Tanzlehrer e.V.:

Stephen Janetzko:
CD KINDERTANZ - beweg dich ganz! 24
Kindertänze fürs ganze Jahr

Alle Liedtitel der CD:
1. Zähl mit uns die Jahreskinder
2. Tip tap tiddel ... ich laufe durch den Schnee
3. Wenn alle Indianer jetzt reiten
4. Ägypter-Tanz
5. Der Oster-Rock'n'Roll
6. Riesen und Zwerge
7. Max der kleine Zauberhund
8. Hix-hex, Hexe
9. Ki-Ka-Kuchentanz
10. Bruderherz - komm, tanz mit mir!
11. Ich treibe Sport
12. In meiner Bi-Ba-Badewanne
13. Arriba! (Sommertanz)
14. Disco-Peppo
15. Ich liege auf der Wiese
16. Kleine Mücken tanzen
17. Vogelscheuchen-Schrotti
18. An meiner Schule ist es schön
19. Hand in Hand
20. Hi-Ha-Halloween
21. Laterne, Laterne, komm leuchte für mich
22. Der Kleine-Engel-Tanz
23. Wer hat dem Weihnachtsmann den Mantel geklaut?
24. Schnee, Schnee, Schnee   - **Gesamtspielzeit ca. 75 min.**

Über die CD: 24 Kindertänze fürs ganze Jahr, zwei für jeden Monat. **Da sind alle Jahreszeiten, Feste und Themen vertreten – also eine perfekte Lieder-Sammlung** für das ganze Jahr zum Mitmachen und Bewegen. ... Und ob Kindertanz, Party, Disco, unterwegs im Urlaub oder zu Hause: **Diese CD macht einfach gute Laune!**

„Kindertänze regen die Fantasie der Kinder an. Diese Kindertanz-CD bietet eine perfekte Lieder-Sammlung für das ganze Jahr. Zu jedem dieser Lieder habe ich eine Choreografie entwickelt, die auf die Bedürfnisse der Kinder eingeht und diese fördert. Seit 2009 leite ich beim Berufsverband Deutscher Tanzlehrer e.V. das Kindertanz-Ressort und kümmere mich um die Ausbildung der BDT-Kindertanz-Fachlehrer. Ich wünsche allen viel Freude mit der Musik und viel Spaß beim Tanzen!"

Zielgruppe ca. 3-99 Jahre/ Best.-Nr. 91033-282 / ISBN 978-3-95722-056-1

Zusätzlich auch als Liederbuch für Kita und Schule oder als ausführliches Kindertanz-Buch mit allen Choreografien erhältlich!

Raum für eigene Notizen:

www.kinderliederhits.de

Raum für eigene Notizen:

www.kinderliederhits.de

Raum für eigene Notizen:

www.kinderliederhits.de

Stephen Janetzko
(Autor, Liedermacher und Verleger)

Mit einer 20-minütigen MC „Der Seebär" fing alles an, heute sind es weit über 600 Kinderlieder, die der gebürtige Hagener Liedermacher bereits auf über 50 CDs und in zahllosen Liedsammlungen veröffentlicht hat. Viele davon, wie „Hallo und guten Morgen", „Wir wollen uns begrüßen", „Augen Ohren Nase", „Das Lied von der Raupe Nimmersatt", „Hand in Hand" oder „In meiner Bi-Ba-Badewanne", werden heute gesungen in Kindergärten, Schulen und überall, wo Kinder sind.

... mehr Info, mehr CDs, mehr Lieder & Noten:
www.kinderliederhits.de

... mehr Info, mehr CDs, mehr Lieder & Noten:
www.kinderliederhits.de

Alle Rechte vorbehalten.

Dieses Werk ist urheberrechtlich geschützt. Jegliche Vervielfältigung und Verwertung ist nur mit Zustimmung der Autoren bzw. des Verlags zulässig. Das gilt insbesondere für Übersetzungen, die Einspeicherung und Verarbeitung in elektronischen Systemen sowie für das öffentliche Zugänglichmachen wie zum Beispiel über das Internet.
Ein Nachdruck oder eine Weiterverwertung ist nur mit schriftlicher Genehmigung des Verlags möglich.

© Verlag Stephen Janetzko, **www.kinderliederhits.de**

www.ingramcontent.com/pod-product-compliance
Lightning Source LLC
Chambersburg PA
CBHW081505040426
42446CB00016B/3407